GUIDE

DES DAMES

ET DES DEMOISELLES.

ART

DE FAIRE

LES CORSETS,

SUIVI DE L'ART DE FAIRE

LES GUÊTRES ET LES GANTS,

PAR MAD. BURTEL,

AUTEUR DE L'ART DE LA COUTURIÈRE EN ROBES.

PARIS,
AUDOT, ÉDITEUR,
RUE DES MAÇONS-SORBONNE, N° 11.
1828.

IMPRIMERIE DE A. HENRY,
Rue Gît-le-Cœur, nº 8.

INTRODUCTION.

Je conviens de bonne foi avec mes jeunes lectrices qu'il n'est point aussi amusant de faire un corset, quel qu'il soit, que de faire une robe de bal, un chapeau ou toute autre partie de notre ajustement ; mais il n'importe ; il faut qu'une jeune fille connaisse et puisse faire tout ce dont elle a besoin.

On me dira peut-être qu'une demoiselle qui reçoit tant soit peu d'éducation ne peut se livrer à de telles occupations : je répondrai qu'il y a tems pour tout.

L'économie est la base d'une bonne

éducation; c'est aux mères à instruire leurs filles par l'exemple, et à leur faire préférer ce qui est utile à ce qui n'a qu'un mérite passager.

En les accoutumant de bonne heure à être présentes au relevé des comptes journaliers, ces jeunes filles se trouveront entraînées par une sorte de curiosité naturelle à cette période de la vie.

Que des mères sages et prévoyantes s'empressent de profiter de ces sentimens; qu'elles se reposent sur leurs enfans du soin et de la tâche honorable qu'elles avaient dû s'imposer jusqu'alors de tenir les comptes de dépenses de la maison.

Que l'Arithmétique ne soit point pour les jeunes personnes une science purement spéculative; il faudrait qu'elles connussent le prix de toutes les choses néccssaires à des objets de luxe, qu'elles apprissent à juger de la somme annuelle indispensable à l'entretien de leur garde-robe, et de l'accroissement de dépense, résultat inévitable de l'abandon de ces soins à des mains étrangères.

De telles jeunes filles trouveront malheureusement encore assez de personnes à qui cette sagesse n'est point connue; c'est alors qu'elles pourront établir des comparaisons tout à leur avantage, et rendre à leurs prévoyantes mères de tendres actions de grâces, faire à leur tour beaucoup de prosélytes, et par ce moyen propager l'ordre et l'économie, biens inappréciables, d'où dépend le bonheur de la vie entière.

Quel homme, en effet, pourrait être assez peu raisonnable pour préférer à la jeune fille élevée dans nos principes, celle qu'une éducation futile aura laissée étrangère à tous ces travaux, à toutes ces connaissances, vrais trésors de la mère de famille ?

—

ART
DE FAIRE
LES CORSETS,
LES GUÊTRES ET LES GANTS.

PREMIÈRE PARTIE.

DES CORSETS.

CHAPITRE PREMIER.

CHOIX DES ÉTOFFES PROPRES A FAIRE LES CORSETS.

Les corsets se font ordinairement en bazin à mille-raies, appelé bazin de Troyes; quelquefois, aussi, en coutil, en nankin des Indes, en moire blanche ou en satin; ces derniers se portent dans les grandes toilettes.

Pour les corsets ordinaires, je conseille le bazin de Troyes; le meilleur est à quatre fils.

Il est bon de prévenir mes lectrices

que le plus gros de ces bazins n'est pas celui qui durera davantage; il faut le prendre plutôt fin que gros; ce dernier a deux avantages sur les premiers, c'est qu'il est de plus longue durée et se salit moins.

Comme le coutil, aussi bien que le nankin, doit être doublé à cause de son peu de consistance, j'engage mes lectrices à n'en point faire usage, car les corsets doublés ne prennent jamais si bien les formes de la taille que ceux qui ne le sont pas.

Cette sorte de corset n'est utile qu'aux personnes contrefaites; par ce doublage elles empêcheront que les petits coussinets que l'on y ajoute ne soient aussi visibles,

Mesure des Corsets.

L'ordre que je me propose de suivre dans le cours de ce petit Traité, exige que je donne la manière de prendre les mesures de cette partie essentielle du vêtement, quoique je sois bien persuadée qu'elles n'en feront point usage; car, possédant pour le moins un corset, il leur sera beaucoup plus facile d'opérer sur ce modèle, quelque mauvais qu'il soit. Nous reviendrons plus tard là-dessus.

Commençons par faire la bande de papier qui doit servir à prendre les proportions du corps que doit envelopper le corset.

C'est cette bande de papier que nous nommerons mesure.

Cette mesure sera à peu près longue d'une aune et large de deux pouces ; pliez en deux cette mesure dans toute sa longueur; il faut presser le pli entre le pouce et l'index de la main droite.

Les deux extrémités de cette mesure doivent être marquées de signes différens: prenons *a* et *b* afin de reconnaître le côté qui doit servir tout le tems de l'opération.

Il faut prendre l'extrémité *a* de cette mesure entre le pouce et l'index de la main droite, l'appliquer ensuite sur l'omoplate après la naissance du bras. On prolonge cette mesure en droite ligne jusqu'à l'autre côté du dos ; après quoi l'on prend la moitié de la longueur mesurée et l'on y fait un cran ; *Voy.* 1, *fig.* 1. On replace le cran sur le dos gauche à l'endroit même où elle a été appuyée précédemment ; l'on part de ce point et l'on atteint à la naissance de la gorge ; il faut faire un second cran en cet endroit, *Voy. fig.* 21, et continuer à mesurer depuis la naissance de la gorge jusque sur le milieu du busc ; à cet endroit se fera un troisième cran, *Voy.* 3 *fig.* 1 ; ce troisième cran marqué, il faut reprendre la mesure à son extrémité *a*, ceindre la taille sous la gorge en laissant cette mesure plus étroite de deux doigts que n'est le contour de la taille; on procéde de même qu'auparavant, c'est-à-dire, il faut prendre la moitié du tour mesuré et faire un cran double à ce pli, *Voy.* 4 *fig.* 1, enfin prenez encore l'extrémité *a*, replacez-la sur l'extrémité inférieure du busc et faites tourner la mesure sur la hanche et jusque sur le milieu du dos, c'est-à-dire, entre les deux baleines qui le terminent ; ce cran sera fait double, *Voy.* 4 *même fig.*, prenez de nouveau l'extrémité *a*, entourez la partie cambrée ; pliez encore cette longueur mesurée en deux, et faites deux crans marqués par deux 55. Il sera nécessaire de prendre cette mesure étant corsée ; les chairs se trouvant en place il sera plus facile de juger des proportions à garder.

Voilà la mesure tout-à-fait terminée; nous allons nous occuper à donner les moyens de lever un patron d'après cette mesure.

Coupe des Patrons de Corsets.

Il est toujours plus convenable de prendre ses mesures sur la personne corsée, quelque défectueux que soit son corset, que de les prendre à nu.

Comme il est très-difficile de tailler un patron de corset qui aille bien de suite, il faudra premièrement en tailler un sur le corset modèle, en gaze de Chambéry, sorte de gaze peu coûteuse; il faudra appliquer cette gaze sur le corset duquel on aura eu soin de replier les goussets sur eux-mêmes, et de rapprocher toutes les coutures les unes sur les autres en les fixant fortement avec des épingles, de manière que l'élargissure produite par le gousset ne paraisse plus.

Cette partie du corset se présentera alors comme s'il n'y avait point de fente à cet endroit ; l'on aura soin de poser la gaze exactement dans le même sens que le corset, c'est-à-dire que la partie qui se trouve à droit-fil sur le corset doit se trouver à droit-fil sur la gaze ; cette partie à droit fil doit être sur le dessous des bras, et c'est la partie des devans qui doit être biaisée.

Prenez beaucoup de précaution pour attacher la gaze de Chambéry le long du corset ; ensuite, à droite et à gauche des coutures, vous couperez sans laisser aucun rempli.

Quand le patron sera coupé, il faudra ôter toutes les épingles qui le tiennent au modèle ; toutefois après avoir coupé la fente qui doit recevoir les goussets du haut et ceux du bas, appliquez sur ces goussets un morceau de la gaze dont vous venez de vous servir.

Je préviens qu'il faut toujours tailler les goussets du bas d'un corset à droit-fil d'un côté et en biais de l'autre; *Voy. fig.* 4 *et* 5 le côté de biais sera posé sur la hanche et le côté droit-fil sur le ventre. Cette coupure en biais pour les goussets des hanches donne plus de facilité aux mouvemens et empêche le corset de remonter, l'étoffe dans ce sens étant beaucoup plus élastique que dans le sens qu'on nomme droit-fil.

Si le corset a deux goussets par le bas (ce qui en fera quatre pour les deux côtés), le biais du second doit aussi poser sur la hanche ; par conséquent le droit-fil du second gousset sera près des œillets.

Les goussets de la gorge doivent être taillés en biais des deux côtés, le droit-fil devant se trouver dans le milieu pour donner plus de soutien à la gorge. *Voy.* *opz*, *fig.* 7.

Si la personne pour qui est le corset est grasse, ou si elle avait une occupation qui l'obligeât à mouvoir souvent les bras, il serait nécessaire de fendre le milieu du *dessous-bras*, afin d'y poser un petit gousset, haut d'environ trois doigts sur deux de large seulement.

Quand ce premier patron sera taillé, il faudra le poser sur une feuille de fort papier, l'attacher à ce dernier avec des épingles, après quoi on prendra la mesure que l'on posera sur le patron de gaze de la même manière qu'elle aura été posée sur la personne pour s'assurer si ce patron demande quelques rectifications.

Si enfin il a toutes les proportions qui

se trouvent indiquées sur cette mesure, quand on mesurera le haut ou le bas du corset, on verra quelle largeur on doit donner aux goussets par la longueur du papier qui restera pour aller jusqu'à l'endroit mesuré, c'est-à-dire jusqu'au cran indiqué pour cette partie de la taille.

Si cette mesure ne se trouvait pas juste au patron, il faudrait, si c'est un rallongement à faire, le marquer au crayon sur le papier destiné à devenir patron; si au contraire le patron se trouvait trop large, on le replierait sur lui-même et l'on formerait un pli qu'il faudrait recouper; puis on taillerait ensuite le patron de papier.

En observant toutes les marques qui y auront été faites, ce second patron sera assez correct pour qu'on puisse hasarder de l'appliquer sur le bazin ou toute autre étoffe sus-nommée.

DES DIFFÉRENTES ESPÈCES DE CORSETS.

Je vais citer toutes les espèces de corsets dont on peut faire usage. Le corset dont nous venons de parler, et duquel on a pris le patron se nomme corset à goussets doubles ; ensuite viennent les corsets à goussets simples, les corsets doublés, les corsets à la paresseuse, les corsets à pattes, les corsets pour les femmes enceintes, appelés brassières de Vénus, les corsets élastiques et les brassières pour la nuit.

Corsets à goussets simples.

Cette espèce de corset n'est pas plus facile à faire que les corsets à goussets doubles; seulement il est moins long à confectionner, et il suffit aux personnes qui n'ont pas beaucoup de gorge, ni des hanches très-prononcées ; ses goussets doivent être posés comme ceux des corsets à goussets doubles.

Des Corsets doublés.

Les corsets doublés ne diffèrent des autres absolument que par leur doublage. Je ne conseille nullement à mes lectrices d'en porter (si toutefois elles n'y sont contraintes par des raisons dont nous parlerons plus tard.)

Enfin si quelques-unes y sont forcées, il faut les doubler en toile de préférence à toute autre étoffe. Nous indiquerons plus loin la manière de les doubler.

Corsets à la paresseuse.

Les corsets à la paresseuse peuvent se faire aussi comme tous les autres genres de corsets; ils ne diffèrent entre eux que par la manière d'attacher les lacets. Cette espèce de corset est utile en voyage, où l'on a peu de tems à donner à sa toilette, et si l'on est obligé de passer la nuit en voiture, on n'a qu'un nœud à dénouer pour se trouver à l'aise, et par ce moyen reposer plus tranquillement. Je suppose, pour cela faire, que mes voyageuses ont leurs robes ouvertes par devant, car les autres robes seraient fort incommodes.

Cette espèce de corset est encore bonne pour mettre le matin, avant de s'habiller; ne serait-ce que pour une heure, une femme ne doit point paraître sans cet ajustement; elle aurait un air de malpropreté qui ne sied nullement à notre sexe. Sur ce point, en Angleterre, on est encore plus strict qu'en France, car le décorum ne permet pas de paraître sans un corset et sans être coiffée, même devant ses frères.

Corsets à Pattes.

Ces corsets sont faits de même que ceux que nous avons décrits premièrement; ils n'en diffèrent que par leurs pattes; ces pattes remplacent les œillets; on en fait sept ou huit de chaque côté selon la grandeur du corset et la largeur que l'on veut leur donner.

On place ces pattes contrariées, c'est-à-dire que, lorsque l'on en coud une à la partie supérieure du derrière à droite, la partie correspondante de gauche n'en a pas; et ainsi de suite jusqu'à la fin. *Voy. fig.* 13. Mais ces pattes se rejoignent mal devant; on a imaginé de les faire passer derrière les unes sous les autres, au moyen d'une ouverture garnie de baleine et pratiquée entre le corset et les pattes; mais ces ouvertures se trouvant elles-mêmes contrariées, elles grossissent et blessent la taille.

J'espère que mes lectrices ne se donneront point la peine d'en faire. C'était plutôt pour nommer toutes les espèces de corsets que je n'ai point omis celle-là, que pour les engager à en porter.

Corsets pour les femmes enceintes, appelés aussi Brassières de Vénus.

Ces corsets se font encore comme les premiers, excepté que les goussets de la gorge sont fendus longitudinalement par le milieu ; que cette fente se borde avec un ruban de fil que l'on y pose à cheval, et que l'on coud à points de côté ou en piqûre, cela vaut mieux pour cette partie. Cette fente ensuite se garnit d'œillets, et la gorge augmentant chaque jour, chaque jour on pourra étendre la *laçure* ; mais si la personne pour qui est ce corset à l'intention de remplir le plus doux comme le plus sacré des devoirs, celui d'allaiter son enfant ; elle fera, pour cette époque, substituer à cette laçure une rangée de boutonnières et de boutons, rien n'est plus commode.

Les épaulettes doivent être faites, en grande partie, d'élastiques; les goussets du bas de ce corset doivent être très-courts et fendus très-haut, le ventre étant plus haut à cette époque, par exemple à trois doigts environ de la naissance de la gorge; ces goussets du bas seront faits en élastique, quoique devant être lacés de même que ceux de la gorge.

Ces corsets ont pour busc une longueur d'élastique large d'environ trois doigts, et de chaque côté de cette bande sera une baleine large d'environ un demi-pouce et très-flexible.

Demi-corsets ou Ceintures pour le matin.

Pour faire ce corset, on taillera le haut d'un corset ordinaire, soit à deux goussets par le haut, soit à un seul, peu importe ; il ne faudra laisser qu'un pouce ou deux de l'étoffe après la naissance de la gorge ; l'on coupera ensuite des bandes d'une demi-aune de longueur et d'un demi-tiers d'aune de hauteur, et qui s'étrécissant graduellement, finiront par n'avoir qu'un pouce à l'extrémité opposée : *voy. a b*, *fig.* 8. Ces pattes sont destinées à remplacer les œillets, aussi se cousent-elles après les dos dont souvent elles font partie, quand l'étoffe se trouve assez large, *voy. a b c d e*, *fig.* 6. Ces pattes, croisées l'une sur l'autre au moyen d'une fente verticale pratiquée dans l'une d'elles, *voy. p q*, *fig.* 6, joignent le corset sur le dos et viennent s'attacher sur le devant par un ruban de fil large d'un doigt : on ne met point de busc à ce genre de corset ; on y substitue par-devant quelques baleines larges d'un demi-pouce, et une de chaque côté des dos de même largeur. Ces baleines maintiennent les pattes et les empêchent de se mettre en corde par derrière.

Des Corsets élastiques.

Ces corsets se font ordinairement en taffetas de couleur foncée, et sont portés par des personnes enceintes ou d'une faible santé ; ils sont bons et salutaires, principalement aux enfans, dont la taille se développe chaque jour. Il est très-difficile de faire de tels corsets. Nous y reviendrons plus tard.

Des différentes parties du Corset en général.

Le patron du corset dont il a été parlé plus haut, se compose d'un devant, *Voy. f g h i j k*, *fig.* 2, et d'un dos, *Voy. l m n o p q* *fig.* 3, de deux goussets par le bas de chaque côté, le plus large sera posé sur le bas du devant du corset et l'autre sur le dos.

Les goussets de la gorge doivent être égaux; il faut aussi qu'un côté de l'épaulette soit à droit-fil.

Si vous devez souvent vous servir de ce patron de corset, je vous conseille de le doubler en toile ou en calicot, n'importe; car les petites bandelettes formées par les fentes des goussets sont très-sujettes à se déchirer; faites tenir cette toile au papier par de petits points-devant que vous aurez soin de faire les uns après les autres; ce patron, ainsi doublé, se conservera très-long-tems. Ayez aussi le soin d'écrire sur chaque pièce leur place respective; les personnes expertes dans l'art que nous décrivons, ne négligent point de prendre cette précaution. Rien n'étant plus vétilleux à faire dans la toilette d'une femme que cet ajustement, il serait bon d'avoir une table sur laquelle serait l'étoffe destinée au corset, une pelote et des ciseaux dont les lames auront environ cinq pouces de longueur; une de ces lames doit être ronde, et c'est cette lame ronde qui doit poser sur la table tout le tems de l'opération : je dis sur la table, car, en effet, il faut qu'elle la touche.

Si l'étoffe que vous vous préparez à tailler n'a que deux tiers de large, il en faudra trois quarts d'aune, pour le corset d'une personne qui aura la taille un peu forte. Cette largeur mentionnée pourra guider pour toute autre.

Il faudra plier cettte étoffe en deux et y placer le devant du corset, de manière que le haut dudit corset touche à une des lisières, de sorte que le corset se trouvera coupé en travers.

Les corsets exigent beaucoup de solidité ; aussi, en plaçant l'étoffe dans ce sens, ils en acquerront davantage que dans l'autre. Le patron doit être attaché fortement avec des épingles : il ne faut pas, comme je l'ai déjà dit, soulever l'étoffe de dessus la table, cela peut occasioner des erreurs dans la coupe. Au reste, c'est une méthode usitée par toutes les bonnes ouvrières : je ne doute pas que mes lectrices ne la mettent en pratique.

Ne négligez pas d'épingler les petites bandelettes déjà mentionnées, le coup de ciseaux donné dans cette partie doit les séparer; voilà la seule partie du corset qui se trouvera taillée au bord du papier ; partout ailleurs il sera laissé un rempli dépassant d'un doigt le patron. Le surplus doit être renversé juste au patron et serré fortement entre le pouce et l'index, partout également ; mais pour plus de sûreté il faut tracer au crayon tous ces plis, détacher ensuite le patron de dessus l'étoffe. Voilà le devant du corset coupé.

Ensuite viennent les dos à tailler. Mettez encore l'étoffe dans le même sens pour les dos et les goussets, de même que pour les devans ; les épaulettes seules doivent avoir la lisière dans leur longueur, *voy. l m, fig.* 9; les dos se détacheront après qu'on y aura laissé, comme aux devans, un doigt tout autour ; si les dos se trouvent très-cambrés, faites quelques coupures le long du pli marqué, afin d'y empêcher les grimaces; fixez ce pli par un bâti ; faites aussi un bâti à la partie où se trouveront les œillets ; épinglez ensemble les parties du patron qui vous ont déjà servi.

Le dos doit poser sur l'autre partie du corset, en suivant exactement la marque faite au crayon. *Voy. v x, fig.* 10. Le fil qui servira à ces bâtis doit être extrêmement fort, et l'aiguille doit être très-courte et renforcée. Je recommande, sur toute chose, de ne point faire deux points à la fois; cette méthode déforme l'ouvrage. Mettez ensuite les deux devans l'un sur l'autre, de sorte que l'endroit du corset soit en dedans; après quoi vous les bâtirez ensemble par un point-devant.

Les remplis des petites bandelettes, entre lesquelles doivent être posés les goussets, seront faits très-étroits; il faudra couper de chaque côté du haut de cette fente verticale, deux autres petites fentes dans le sens contraire, qui serviront à empêcher les grimaces qu'occasioneraient les remplis, et, sans cela, les goussets n'auraient ni grâce, ni netteté, ni même de solidité. Pour les fentes à faire, *Voy. c c, fig.* 2. Épinglez les goussets avant de les bâtir, cela est essentiel pour travailler avec méthode.

Les goussets de la gorge doivent être posés de la même manière que ceux des hanches. Faites un fort bâti pour fixer les épaulettes sur le dos, ayant soin de faire un rempli à cette épaulette, puisqu'elle doit être cousue en piqûre.

Fournitures diverses, Rubans de fil, Baleine, Busc, Lacet, Elastique; choix et emploi de ces fournitures.

Avant de faire les œillets d'un corset, il faut placer à plat sur le dos un ruban de fil retors, large de trois doigts; le ruban doit être soutenu, c'est-à-dire qu'il devra onduler légèrement sur le dos pour empêcher toute grimace en faisant les œillets. Bâtissez ensuite une bande quelconque, mais solide, large d'un pouce: cette bande sera mise sur le dos, de manière à ne pas le dépasser; cette bande postiche servira à percer les œillets, pour essayer le corset. On voit donc que cette bande ne doit être tenue que d'un seul côté, puisque les dos ne doivent point être percés sitôt, de peur qu'ils ne soient laissés trop étroits : s'ils le sont en effet, il suffira de les changer; on fera, il est vrai, une perte d'étoffe, mais non de tems.

Les œillets du corset se percent de même que ceux des robes, c'est-à-dire qu'il doit y en avoir autant d'un côté que de l'autre. Voyez la manière de faire les œillets au chapitre suivant; bâtissez une case ou étui pour les baleines de chaque côté.

Ces dernières seront d'un demi-pouce de large et fort minces ; j'indiquerai plus tard la manière de les apprêter. Retenez-les en haut et en bas par un point-devant en travers du dos ; attachez le tout à droite et dans le haut du corset.

Il ne nous reste plus qu'à bâtir le ruban de fil qui doit servir d'étui au busc. La largeur de ce ruban doit excéder celle du busc d'environ trois ou quatre lignes. Ce ruban doit être retors de même que celui qui a été posé sur les dos ; pliez ce ruban en deux, longitudinalement, serrez le pli entre le pouce et l'index et appuyez-le sur la couture qui joint les devans ; faites-le tenir en y plaçant quelques épingles, après quoi vous le bâtirez de chaque côté très-près de ses lisières, afin de pouvoir, après ces bâtis, y introduire le busc.

Il y a deux sortes de buscs, ceux en acier et ceux en baleine; les derniers s'écaillent et se ploient facilement, mais n'ont pas besoin d'être garnis comme ceux en acier. Si l'on n'avait soin de garnir ces derniers avec du papier brouillard et ensuite de la peau blanche, ou mieux encore en taffetas ciré; si l'on ne prenait cette précaution, dis-je, ils causeraient de très-grands maux d'estomac; il est donc urgent de les couvrir de taffetas ciré, car cette enveloppe sait les garantir de la rouille, chose que ne fait point la peau, elle empêche seulement que la rouille ne pénètre aussitôt.

Essayage du Corset, et Manière de le bien lacer.

Il faut entrer le corset sur le corps en passant les bras dans les entournures; ensuite, disperser les plis formés sur la chemise, également, afin qu'ils ne gênent point quand le corset sera lacé. Pour pouvoir lacer le corset à l'aise, il faudra avancer les épaulettes sur les épaules en ayant soin que la chemise ne fasse aucun pli en cet endroit. On doit commencer à lacer par le haut, de droite à gauche; cette manière de lacer est la plus convenable, n'ayant pas comme l'autre l'inconvénient de faire remonter les chairs et de porter le sang à la tête.

Le lacet dont vous devez vous servir doit être de trois aunes au moins; quelques personnes emploient deux lacets d'une aune et demie chacun, et commencent alors par lacer le cambré de la taille en remontant, et ensuite on redescend au cambré pour reprendre le second lacet qui sert à emboîter les hanches. Enfin, de quelque manière qu'on se lacera, on commencera par employer la longueur du lacet en cherchant seulement à faire tenir le corset sur le corps sans le serrer; ensuite montez ou descendez la chemise convenablement, portez la main sur le haut du busc en l'appuyant fortement de haut en bas; le mouvement est nécessaire, et celles de mes lectrices qui pourraient se faire lacer feraient bien de continuer cette pression jusqu'au moment où le corset sera à moitié serré; après quoi elles quitteront cette position qui leur faisait nécessairement tenir les épaules en avant; on prend alors de la main gauche les deux baleines à l'endroit du cambré de la taille, on rapproche par ce moyen les dos l'un de l'autre, *voyez* la pose des mains *frontispice*, et l'on tire le lacet d'échelon en échelon de la main droite. Il faut pour être bien lacée, sans la moindre gêne, recommencer cette dernière opération cinq ou six fois, afin d'éviter toute secousse. Quand enfin le corset sera lacé et serré convenablement jusqu'au cambré de la taille, on reprendra le lacet pour continuer à lacer la partie des hanches.

Sur toute chose, n'emboîtez pas les hanches trop à l'étroit, cela est fort laid et ôte toute la grâce qu'une femme peut avoir dans la taille.

J'avais oublié de dire qu'avant de serrer le corset convenablement, il fallait avoir le soin de tirer le corset par les goussets du bas, et de poser l'index en dessous, le long de l'épaulette, et en même tems donner à cette dernière un petit mouvement qui la fera descendre sur le bras; passez après cela les mains sur le devant entre le corset et la chemise, afin d'en écarter les plis, laissez aussi très-peu serrée cette partie.

Ces avis sont plutôt donnés pour la santé que pour la coquetterie.

Si les goussets étaient trop larges et que malgré cela il n'y eût point assez de prise en cet endroit pour y marquer un pli, ayez un crayon pour l'indiquer.

Le devant de l'épaulette n'est tenu que par une épingle, et toujours plus long qu'il ne doit être; il faut donc, s'il y a lieu, retoucher l'épaulette de ce côté.

Si l'on veut être bien habillée, il faut que le dos du corset soit très-haut; cette méthode convient aussi bien aux personnes grasses qui ne peuvent, par la rondeur de leurs épaules, conserver aucuns vêtemens sur ces dernières, qu'aux personnes maigres qui veulent cacher leurs os.

Si le corset est trop long, mettez des épingles à la place où vous devrez le couper.

Il faudra échancrer, c'est-à-dire creuser le milieu du haut du corset juste sur le busc; cela l'empêchera de remonter et de blesser la gorge. On indique cette échancrure à l'aide d'un crayon ou d'une épingle qu'on place juste sur le busc. *Voy. c c, fig.* 10.

Le corset étant serré convenablement doit laisser les dos espacés d'une main, parce que les étoffes avec lesquelles on les fait s'élargissent promptement.

Ce que je conseille aussi, serait d'attacher un ruban de fil plié en deux dans sa longueur, sur les hanches; un de ces bouts de ruban passerait par une bride que l'on aurait mise à son bas, après quoi on les nouerait; ceci remplace les jarretières, et les personnes chez lesquelles le sang circule avec peine se trouvent très-bien de suivre cette méthode; la place du bas où se trouve cette bride doit être garnie solidement, cette précaution empêche le bas de se déchirer. Une autre précaution serait de mettre une bride de chaque côté du bas, crainte de se tromper de jambe en les mettant.

J'espère que mes lectrices adopteront cette manière de se jarreter comme étant la plus saine et la moins gênante; elle a de plus l'avantage d'empêcher le corset de remonter; mais ces sortes de jarretières ne doivent être attachées sur le corset que lorsqu'il est fini; on aura seulement le soin d'en marquer la place avec une épingle en l'essayant. Si les réparations étaient par trop grandes, ou que le corset eût été apprêté trop large, il faudrait en rectifier les plus grands défauts, et l'essayer une seconde fois.

Pour ôter le corset plus promptement de dessus la personne, il faut couper le premier point qui tient la bande postiche sur laquelle sont percés les œillets; elle cédera sans peine, et le corset pourra s'ôter de dessus le corps plus tôt qu'en le délaçant.

Le corset une fois enlevé, visitez de

suite si les épingles sont bien attachées, repiquez-les plus solidement que vous n'avez pu le faire sur vous ou sur toute autre, car, une seule omise, pourrait vous causer beaucoup d'embarras. Pour plus de sûreté, passez des fils de couleur aux endroits où vous aurez mis des épingles; ensuite il faudra le débâtir et remettre le patron dessus chaque pièce et voir s'il est exact avec toutes, le rapprêter ensuite pour le coudre à demeure.

COUTURES A FAIRE DANS LES CORSETS.

Les coutures d'un corset quelconque doivent se faire très-solidement; aussi n'y emploie-t-on que les points-arrière, les piqûres, les points de côté et les points de boutonnières.

Tous les goussets doivent être cousus en piqûre, et l'on fera sur chacun de leurs sommets, c'est-à-dire sur la petite fente transversale, un point de boutonnière très-serré; il faudra appliquer à l'envers de chaque couture faite, un ruban de fil retors, large d'un demi-doigt, ce ruban sera cousu à points de côté, dont le premier sera fait dans les piqûres, et le second sur le corset.

Cette manière de rabattre les goussets au moyen de ruban de fil, est beaucoup plus longue que de rabattre le surplus du gousset; mais on rachète le tems que l'on y a mis, par la solidité qu'on a donnée à tout le corset.

Les coutures des goussets de la gorge seront les seules qui ne seront point recouvertes en ruban ; cela pourrait la blesser.

Le ruban de fil qui est bâti sur les dos, sera tenu par une rangée de piqûres faite sur le bord ; il en sera fait une seconde à la distance d'un demi-pouce, et cet entre-deux servira d'étui à la baleine : voici comment il faudra opérer.

Quand la première rangée est faite, passez la baleine entre le bazin et le ruban, en l'appuyant fortement du côté piqué ; vous la laisserez en cet état jusqu'à ce que vous ayez, par un point-devant, bâti l'autre rangée de piqûres ; après quoi vous la retirerez. Cette seconde piqûre doit être faite en dehors de l'étui ; sans cela la baleine ne pourrait point y entrer.

Cela fait, cousez à points de côté le surplus de ce ruban ; ensuite faites la couture qui joint les devans ensemble par un point-arrière à l'envers du corset ; profitez de ce que le corset est tourné de cette manière pour l'épingler de toutes parts ; faites attention que toutes vos coutures soient vis-à-vis l'une de l'autre ; recoupez également le tour du corset. Cette opération faite, détachez le corset ; ayez du ruban pareil à celui qui aura servi à rabattre les coutures bordez-en le corset en pliant ce ruban en deux, et le mettant à cheval et le faisant tenir par des points de côté. Quand vous borderez le bas du corset, tirez cette partie afin de laisser les hanches plus libres. Pour cela faire, attachez la partie à border sur la pelote remplie de plomb, qui se nomme elle-même un plomb.

Le haut des dos et des épaulettes ne doit être ni soutenu ni tendu. Comme l'épaulette n'est point attachée sur le devant du corset, on pourra donc border tout le haut sans avoir besoin de couper le ruban pour border l'entournure. Comme la bordure de la gorge demande beaucoup plus de soin, il sera plus facile de bien faire en la bâtissant, parce qu'il faudra soutenir l'étoffe, et, par conséquent, tirer le ruban de fil de la main gauche, pendant que la droite sera occupée à bâtir ; ensuite on coudra cette partie à points de côté comme les autees.

La bordure étant terminée, on apporte l'une sur l'autre l'épaulette de gauche et celle de droite, et l'on perce sur le bord de devant de chacune d'elles deux œillets. Deux œillets à pareille distance seront percés aussi à l'endroit du corset où doit aboutir le devant de l'épaulette. Ces œillets serviront à retenir un lacet de fil, ou mieux encore de soie, pour la solidité, au moyen duquel on diminuera ou on augmentera à volonté la longueur de l'épaulette, en la rapprochant ou l'éloignant plus ou moins du corset.

Cette manière de fixer les épaulettes est très-utile, surtout aux personnes dont la profession est de manier un instrument quelconque, elles peuvent agrandir autant qu'elles le veulent leurs entournures, et après les heures consacrées à l'étude, les resserrer à volonté.

Ceci paraîtra assujétissant ; mais on en sera bien récompensée. Les musiciennes, etc., en reconnaîtront tout l'avantage par le bien qui en résultera.

Je pourrais citer maintes personnes qui ont adopté cette habitude, et pas une d'elles n'y a renoncé.

Le ruban de buse qui vous a servi lors de l'essayage du corset, sera posé comme précédemment, laissant un bon rempli dans le haut comme dans le bas. Quand le bâti du milieu sera fait, on fera un point de surjet dans le haut, et un point de côté le long des lisières, si toutefois elles sont solides, sinon on bâtira ces deux côtés, et on fera une piqûre à l'endroit, cela sera même plus joli, mais, il est vrai, beaucoup plus long à exécuter. Ce ruban doit être replié sur lui-même, dans le bas, d'environ une main ; il faudra faire tenir ce ruban, sur le ruban même, par un point de côté, il ne doit rester que la largeur du ruban qui ne soit point cousue. A cet endroit, on percera deux œillets doubles, c'est-à-dire que le poinçon percera l'étoffe dont sera fait le corset aussi bien que le ruban ; mais l'on fera ces quatre œillets séparés.

On aura soin, avant de percer ces œillets, de prendre la mesure exacte du busc, afin d'empêcher le corset, par son trop de longueur, de former des plis en travers du ventre. Il ne reste plus à faire que les œillets des dos; pour cela pliez le corset à l'endroit, appliquez les dos l'un sur l'autre en les tenant bien également; épinglez-les par le haut sur votre plomb, si toutefois vous n'avez personne pour vous aider dans cette opération : de votre main gauche vous tiendrez les dos vers leur milieu et près des piqûres. Ayez un poinçon duquel vous aurez eu soin de conserver la pointe dans un morceau de liége; malgré cette précaution, ayez encore celle de faire le premier tracé sur un morceau d'étoffe dont vous ne vous servirez pas; car, si la pointe est émoussée, vous risquez de perdre les dos.

Supposons que cet outil soit en bon état: vous le prenez dans la main droite; vous appuyez sur l'extrémité du manche, la paume de votre main; le petit doigt et l'annulaire servent à le maintenir dans cette position. Le pouce, l'index et le doigt du milieu, entourent le point de jonction qui unit le manche au morceau d'acier arrondi qui se nomme poinçon; alors vous percez le premier œillet à un petit doigt de distance du bord des dos; percez de même un autre œillet dans le bas. Quand ces deux œillets doubles sont faits, détachez les dos de dessus le plomb, ou des mains de la personne; tirez à gauche le dos qui se trouve derrière, après quoi vous attacherez de nouveau les dos sur le plomb, et percerez le second œillet du haut à un pouce de distance de celui qui est devant vous, jusqu'à l'avant-dernier, qui doit être plus près du dernier œillet. Le dos gauche aura de même deux œillets plus rapprochés seulement, et qui ne seront pas en bas mais en haut, et c'est à ce haut de dos que vous attacherez le lacet; détachez les dos de dessus la pelote; repassez le poinçon à l'envers du dos, faites-le ressortir à l'endroit en lui donnant un mouvement de rotation. En un mot, vous percez vos œillets exactement de la même manière que nous avons indiquée dans notre *Guide des Dames et des Demoiselles*, au chapitre *des Corsages*.

Au reste, ayez une aiguille courte, appelée dans le commerce aiguille renforcée; enfilez cette aiguille de fil retors: le fil dure très-long-tems, et n'a pas les inconvéniens qu'a la soie de jaunir au blanchissage.

Ayez soin de ne prendre que fort peu

d'étoffe sur votre aiguille, tant de celle de dessus que de celle de dessous : serrez le point également.

Je pense que mes lectrices connaissent le point d'œillet, qui n'est autre chose qu'un cordonnet très-régulier; surtout ne faites point de nœud au fil dont vous vous servez, cela ne serait pas proprement fait; et, si on coupait le nœud après que l'œillet est fait, cela pourrait nuire à sa solidité. Repassez le poinçon une ou deux fois pendant l'opération, afin de faire l'œillet assez grand pour que le lacet y passe aisément.

On ne doit pas négliger d'avoir près de soi une petite pelote remplie d'émeri; sa largeur sera celle d'une pièce de cinq francs; cette pelote servira à passer l'aiguille de tems en tems, cela lui redonne son brillant primitif : par ce moyen elle entre dans l'étoffe avec plus de facilité.

Il ne faut point, pour bien faire un œillet, saisir de tous côtés l'étoffe qui l'environne, cela ferait grimacer les dos; il faut seulement prendre, entre le pouce et l'index de la main gauche, la partie du dos où vous voulez faire l'œillet, et laisser libre l'autre côté du dos qui se trouve à droite; faites ensorte de bien arrêter le fil quand l'œillet est fini.

Il ne nous reste plus à faire qu'une petite fente en travers de la baleine de derrière le dos, éloignée de deux doigts du bord du corset.

Il faudra faire un étui pour une baleine extrêmement mince aux deux côtés de la gorge, au-dessous de l'épaulette.

Je ne conseille point les baleines sur les côtés du busc, cela écrase trop la gorge.

Voilà le corset bien près d'être fini : il reste encore à faire une petite opération avant que d'y insérer les baleines ainsi que le busc.

Pour bien nettoyer un corset dans son neuf, il faut le frotter avec un morceau de pain rassis; taillez-le carrément et laissez-y la croûte, afin de le tenir plus aisément dans la main; frottez long-tems et très-légèrement : après quoi vous le secouerez, et lui donnerez un coup de fer très-appuyé sur toutes les coutures pour les aplatir le plus possible.

CHAPITRE II.

MÉTHODE POUR APPRÊTER COMPLÉTEMENT LES BALEINES DE CORSET ET LES Y ASSUJÉTIR.

Les baleines apprêtées se trouvent chez toutes les mercières, mais se vendent fort cher ; voici un moyen facile de les apprêter soi-même.

C'est d'acheter des barbes de baleines, et de les couper ensuite de la longueur du corset, après quoi vous les mettrez tremper dans de l'eau bouillante. Le vase qui contiendra l'eau doit être assez long pour tenir les baleines couchées ; on ne devra les retirer que lorsque l'eau sera devenue tiède. Ce qui vaudrait encore mieux, serait de boucher le vase et de les laisser en cet état environ une demi-heure.

Les baleines sortant de l'eau sont extrêmement faciles à couper.

Il faudra avoir un couteau qui ne servira qu'à cela exclusivement.

Quand vous les aurez fendues, arrondissez-en les extrémités avant leur refroidissement, et faites un trou à chaque baleine près d'une de leurs extrémités.

Les trous se feront au moyen d'un poinçon.

Ensuite prenez un morceau de verre pour les polir, en pressant plus fortement sur les bords que sur le milieu ; elles doivent sortir d'entre les mains très-minces et très-unies, sinon vous risqueriez de percer leurs étuis en les y introduisant.

Il faut actuellement leur donner la courbure nécessaire pour prendre le cambré de la taille, ce qui doit se faire quand la baleine est encore molle ; faites les courbures plus ou moins saillantes, selon que la personne sera cambrée ; sinon elles pourraient la blesser. Il est entendu que si les baleines, après le polissage, n'étaient plus assez molles pour prendre la courbure qu'on désire, il faudrait les remettre tremper dans l'eau bouillante.

Si vous ajoutez une baleine sous le

bras, faites cette dernière encore plus mince que celle des dos, et arrondissez-en les extrémités comme celle des autres, sans oublier d'y faire un trou. Lorsque les baleines ont repris toute leur élasticité, baleinez le corset, c'est-à-dire, entrez les baleines dans leur étui.

Il est nécessaire que ces baleines soient taillées plus courtes que le corset. Faites-les entrer par la boutonnière qui se trouve faite à l'envers près des œillets, poussez-les jusqu'à la bordure du haut du dos, afin de faire entrer l'autre extrémité; repoussez ensuite les baleines vers la bordure du bas, cela les empêchera de sortir. N'omettez pas de tirer fortement l'étui de la baleine afin d'empêcher le dos de grimacer, c'est-à-dire, de former des plis en travers.

Pendant que vous tenez fortement la baleine entre le pouce et l'index de la main gauche, cherchez de la main droite à l'aide de votre aiguille le trou qui est fait dans la baleine, faites ressortir l'aiguille là-dessus, repiquez-la de manière à embrasser la baleine de deux côtés et sur son volume, ce qui formera un œillet. En employant ce procédé, on est assuré que la baleine ne sortira pas de place.

Les buscs que l'on trouve chez les marcands quincaillers sont recourbés à leurs extrémités.

Les buscs, comme nous l'avons déjà dit, doivent être recouverts de taffetas ciré, afin d'empêcher la rouille de se former; laissez de bons remplis à cette enveloppe et faites-la tenir par quelques longs points-devant; passez ensuite le busc entre le corset et le ruban qui lui est destiné; passez un lacet dans les quatre œillets pratiqués au bas dudit corset; nouez le lacet à l'endroit. Ayez aussi le soin de faire deux petits tampons de peau blanche, bourrés de ouate; ils ne doivent être que de la largeur du busc et carrés, et doivent aussi dépasser de quelques lignes le busc. On en place un en haut et l'autre en bas, afin d'éviter la pression immédiate de ce dernier sur les cuisses.

Il ne nous reste plus qu'à attacher au corset une espèce de chemisette, voici comme on doit s'y prendre pour la faire: Prenez un demi-tiers de percale ou de batiste; pliez-la en deux de manière que les deux lisières soient l'une sur l'autre; posez le pli du milieu sur le busc, épinglez-le à cet endroit; descendez-la attachée toujours sur le busc jusqu'à la hauteur du dessous de la gorge ; continuez d'attacher le haut jusqu'où commence l'épaulette ; attachez encore cette partie de côté un peu en biaisant ; la partie de dessous la gorge est la seule qui ne doive point être épinglée. Il vous restera une certaine ampleur dont il faudra former deux ou trois plis à peu près ou se trouvera la bandelette qui sépare les deux goussets du corset ; marquez-les fortement en les pressant entre le pouce et le genou, ce dernier leur fait prendre de la rondeur.

Avant d'ôter les épingles, marquez par un pli ce que vous avez à recouper dans le bas des épingles ; bâtissez premièrement les plis ; cousez-les par une piqûre ; faites ensuite un ourlet de chaque côté de la chemisette, et terminez la partie du bas en la bordant à plat avec un ruban de fil très-fin.

On fera un ourlet-coulisse dans le haut, deux œillets doivent être faits de chaque côté et dans le milieu de la coulisse. Avant d'y passer les cordons, on coud au bord de cette coulisse une broderie à plat, c'est-à-dire, qu'elle ne doit point froncer. *Voy. fig.* 12.

Quelquefois on substitue à cette broderie une petite bande de batiste haute d'un pouce; cette bande doit se froncer pour être plissée à très-petits plis par la repasseuse.

On fixe cette bande sur un petit ruban de fil aussi étroit qu'un lacet. Cette bande doit se prolonger jusqu'à la baleine des dos.

Cet excès de soin pour les choses qui ne sont point en vue dénote une excessive propreté, qualité sans laquelle une femme ne peut être réellement estimable.

MANIÈRE DE DOUBLER LES CORSETS.

Quoiqu'étant loin d'approuver le doublage des corsets, je vais enseigner à le faire.

Il faut avoir de la toile environ la même quantité que de l'étoffe qui doit servir à faire le corset même. Cette toile doit avoir le fil très-plat; appliquez-y l'étoffe de dessus déjà coupée; surtout, mettez la toile dans le même sens que le dessus, sinon l'une des deux se déchirerait promptement; faites-les tenir ensemble par un bâti éloigné des bords d'environ deux doigts, afin qu'il ne gêne point les remplis que vous aurez à faire.

Les bâtis des goussets n'auront pas besoin de cette précaution, car ces derniers seront cousus avec leur doublure et la doublure du corset se rabattra sur les goussets. Malgré cette doublure il ne faut pas omettre les larges rubans sur lesquels doivent se faire les œillets; cette doublure n'est point assez forte pour les remplacer.

La couture à point-arrière qui joint les devans doit être faite sans la doublure; il faut seulement coudre cette dernière à point-devant en la croisant un peu, mais sans faire de remplis. Il faut avant cela avoir le soin d'écarter le surplus de la couture du corset à droite et à gauche, afin d'éviter les grosseurs.

Il faudra mettre, de même qu'aux autres corsets, le ruban qui doit servir de busc, et le bordage de ce corset ne diffère en rien de celui des autres.

Corsets à la Paresseuse.

Ces corsets peuvent se faire longs, courts, doublés ou non doublés, à goussets doubles ou à goussets simples; ce qui les fait différer des autres 'cest qu'on emploie une autre manière pour percer les œillets.

Commencez par mettre les dos de ce corset l'un sur l'autre de manière que les envers se trouvent en dedans.

Percez les œillets à deux doigts de distance l'un de l'autre; faites-les de même qu'aux autres corsets.

Ayez de très-fort lacet de fil retors; celui de coton est plus joli, mais il n'est pas à beaucoup près aussi solide. Coupez en autant de bouts, d'une demi-aune de longueur, que vous aurez d'œillets, cousez à l'envers ces bouts, immédiatement entre chaque œillet, de manière que l'étui de la baleine reste libre. Quand cela sera fait, il faudra passer tous les cordons cousus sur le dos gauche, dans chaque œillet de droite, et ceux qui sont cousus à droite les passer dans les œillets de gauche.

Repassez ensuite tous les lacets à leur place primitive sans les faire passer dans les œillets, ce qui servira à tenir la baleine en l'aplatissant sur le dos.

Rassemblez ensuite la moitié des cordons de droite en faisceau; vous les ferez tenir dans un ruban de fil large de deux doigts et de même longueur. Une fois que les cordons y sont cousus, surjetez ce ruban à ces lisières et arrêtez-le définitivement dans le haut ; faites un autre faisceau avec le restant des lacets de ce même dos; ensuite recommencez cette opération pour l'autre dos.

Quand les quatre faisceaux sont terminés, cousez à chacun d'eux un lacet semblable à celui qui passe dans les œillets; fixez-le par des points - arrière. Les quatre faisceaux sont d'autant plus commodes, que si l'on est trop serrée du haut sans l'être trop du bas, on peut par ce moyen ne soulager que la partie blessée.

C'est aussi pour prendre le cambré de la taille qu'il faut que le lacet qui se trouve dans le haut du corset et celui qui se trouve dans le bas, soient les plus longs, et ceux qui les suivent, en diminuant graduellement, ce qui fera que les lacets du milieu seront les plus-courts, ce qui laissera plus de place aux épaules ainsi qu'aux hanches.

Pour empêcher les lacets de s'entremêler, ce qui est fort désagréable et à quoi il est très-long de porter remède, il faut faire une espèce de bride en ruban de fil de chaque côté du corset vers la naissance de la hanche; cette bride servira à passer les deux lacets qui sont attachés à l'extrémité de chaque faisceau, on prend le soin de les y placer aussitôt qu'on a dénoué son corset; ce petit assujétissement épargnera beaucoup d'ennui.

Commencez à serrer les faisceaux du haut, sinon, comme je l'ai déjà dit, les chairs remonteraient et deviendraient rouges. Cette pernicieuse habitude peut occasioner de violentes migraines.

Quoique ce genre de corset soit commode, je ne conseille nullement à mes lectrices de le garder tout une journée, car à la longue il gêne sur le côté par les bourrelets que font les lacets.

Je finis en engageant mes lectrices à mettre à l'extrémité de l'épaulette qui se trouve sur le dos, un morceau d'élastiques d'environ quatre doigts de longueur. Ce morceau aide beaucoup au maniement à l'aisance du mouvement des bras.

Brassières ou Corsets de nuit.

Ces corsets sont les mêmes que les corsets à longues pattes; seulement on y ajoute dans le haut de la gorge, lorsqu'ils sont achevés, un morceau de percale ou de batiste, *voy. a b fig.* 18, qui le représente posé dans le sens convenable sur le corset *a b*, est la lisière de l'étoffe dont point A doit être posé sur le point B de la couture qui joint les devans et la partie *b c*, doit être froncée de manière à ne pas être plus large que le doigt. C D est le côté du biais qui sera posé le long de l'épaulette et qui descendra jusqu'à l'angle droit qui se trouve au-dessous, et la partie courbe A D qui se trouve en dessus du devant doit être cousue à celui-là à surjet. Cette courbe est faite pour bien prendre la gorge; quelques personnes font ce haut de corset séparément, c'est-à-dire, qu'il n'est tenu au corset que par la partie courbe *b c* qui est la partie froncée sur un ruban de fil assez large pour y faire une boutonnière verticale; le bouton sera placé sur l'épaulette. On peut faire ces corsets fermés derrière, et les faire attacher devant par des pattes qui se contrarieraient. Voy. *Corsets à pattes*.

Il ne nous reste plus à dire qu'un mot sur les corsets élastiques.

Je ne puis croire mes lectrices douées d'une assez grande patience pour faire elles-mêmes un corset tout en élastiques;

et, d'ailleurs, cela se fait si rarement que nous ne leur en donnerons pas la façon; et puis, cet ouvrage est si long et si vétilleux, qu'il vaudrait mieux le confier à des mains exercées, car il prendrait beaucoup sur le tems destiné aux autres occupations non moins essentielles.

Nous allons seulement leur donner la manière de mettre les bouts d'élastiques les uns avec les autres, afin d'en former quelques pièces pour ajouter à toutes les sortes de corsets.

Il faut avoir deux morceaux de fine toile ou de calicot, que l'on fixe ensemble par un de leurs bords. Passez un élastique près de ce point, assujétissez-le par un autre point-devant, et faites un point quelconque aux extrémités de cet élastique pour l'empêcher de sortir. Il faudra recommencer les mêmes opérations à chaque bout d'élastique que l'on mettra dans le morceau d'étoffe, qui doit être taillé environ une fois plus long que l'élastique, pour faciliter le mouvement qu'on a pour but de lui donner. Quand vous serez sur le point de mettre le dernier élastique, faites un ourlet dans lequel vous l'insérerez. L'ourlet doit être juste pour envelopper l'élastique et non plus large.

Manière de cacher les défectuosités de la taille.

Il est facile de parer à ces disgrâces, surtout quand il ne s'agit que d'un côté de gorge ou d'une épaule plus petite que l'autre.

Malheureusement cela se voit souvent et ne vient que d'une mauvaise tenue dans le bas âge.

Aussi recommandais-je, dans mon *Guide des Dames et des Demoiselles*, de se servir pour coudre d'un plomb recouvert d'une pelote, sur lequel on attache son ouvrage, et non pas sur le genou : cette habitude est pernicieuse et nuisible à la santé, autant qu'elle nuit au développement de la taille.

Enfin, si vous avez un côté plus petit que l'autre, il faudra, lorsque vous essayerez votre corset, marquer la place à remplir au moyen d'épingles, ensuite couper en toile la même figure décrite par les épingles. Mettez, premièrement, sur la toile une couche de filasse; remettez-en une seconde moins grande que la première, encore une troisième moins grande que la seconde; si le côté à remplir n'était pas très-creux, ces trois couches suffiraient; s'il ne s'en trouvait point assez, remettez autant de couches que cette place en exigera; mais ayez le soin de toujours les diminuer. Quand ce coussinet sera terminé, adaptez-le à l'endroit prescrit, à l'envers du corset, de sorte que les plus longues couches de filasse se trouvent les plus près du corps. Voilà le cas de porter des corsets doublés : les réparations seront bien moins visibles dans de pareils corsets.

Comme c'est toujours près du bord du corset que l'on fait ces coussinets, si c'est sur un dos que vous l'avez mis, bordez alors les deux pièces symétriques, c'est-à-dire la place semblable de l'autre dos.

Si c'est sur le devant ou sur les hanches, agissez de même que pour le dos. Bordez-les de peau blanche. Dans tous les cas cette bordure, loin de nuire au corset, ne fera qu'accroître sa solidité en empêchant les baleines d'appuyer aussi immédiatement sur la chair, et personne ne s'apercevra de l'intention. Cette coquetterie sera bien excusable; d'ailleurs, elle a pour but de bien faire aller les robes.

CHAPITRE III.

BLANCHISSAGE DES CORSETS.

Il est plus important qu'on ne pense de soigner le blanchissage des corsets, ce qui les fait durer beaucoup plus longtems.

Voici comment on s'y prendra.

Il faudra, premièrement, savonner le corset dans de l'eau froide, le bien rincer ensuite; prendre de nouveau le savon, le plonger de tems en tems dans l'eau, après quoi l'on en frottera le corset à plusieurs reprises.

Ayez un vase en terre ou en cuivre, dans lequel vous mettrez le corset, teignez en bleu l'eau qu'il vous faudra verser dans ce vase; ajoutez à cela quelques zestes de savon et quelques morceaux de suif; mettez le tout sur un feu très-doux, où vous le laisserez une heure ou deux; savonnez-le de nouveau, c'est-à-dire qu'il faudra en prendre une partie dans chaque main, et les mettre en contact, et les frotter ; après dix à quinze minutes de frottement continuel, tordez-le et rincez-le de nouveau dans de l'eau simple. Pour dernière opération, ayez une eau de riz dans laquelle vous mettrez un peu de bleu, et ensuite plongez-y le corset, en ayant soin de l'imbiber partout.

Cette eau de riz lui donnera un soutien bien moins cassant que celui de l'empois, et il sera comme passé au cylindre ; mais n'attendez pas, pour le repasser, qu'il soit tout-à-fait sec ; ayez soin que les fers dont vous vous servirez soient très-propres et très-glissans.

Pour obtenir ces deux choses, premièrement, il faut que leur place habituelle ne soit point humide, deuxièmement quand ils sont chauds il faut les essuyer avec un linge doux, ensuite de quoi vous frotterez leur surface et leurs côtés de cire blanche : cela fait, appuyez-les sur le linge, promenez-les à droite et à gauche, ainsi que sur leurs côtés; après tout cela le fer glissera on ne peut mieux ; il ne s'agira plus que de le bien conduire sur le corset, chose assez difficile si l'on n'a pas suivi les avis précédens. Je suis assurée que la plupart de mes lectrices ne feront point elles-mêmes cet ouvrage; mais au moins sauront-elles le commander, soit à leur femme de chambre, soit à toute autre personne.

Je crois que mes lectrices me sauront gré d'un petit avis que je vais donner à celles d'entre elles qui auraient l'inconvénient de transpirer par les mains.

La première chose à faire serait de bannir à jamais l'eau froide pour se les laver. On ferait bouillir du son dans l'eau destinée à cet usage, et on ne les laverait pas trop souvent, car, loin de détourner la transpiration, cette opération l'augmente.

Quand on se sera lavé les mains avec cette eau, on s'essuiera avec un linge très-doux. On se procure ensuite une petite houppe, faite en peau de cigne, qu'on couvre de fécule, puis on se sert de cette houppe pour se saupoudrer les mains.

Egalement cette dernière opération a pour but de sécher les mains sans les durcir. Il faut seulement se conserver un peu d'eau pure, dans laquelle on mettrait quelques gouttes d'eau-de-vie ou d'eau de Cologne; ce peu d'eau servira à plonger les doigts jusqu'à la naissance des ongles, afin de les renforcer et d'en ôter la poudre qui s'y sera attachée.

Si l'on a le soin de faire tout ce que je viens de prescrire, et de plus si on n'oublie pas la petite pelote d'émeri, l'ouvrage sortira fraîchement des mains.

—

DEUXIÈME PARTIE.

DES GUÊTRES DE FEMMES ET DES GANTS.

CHAPITRE PREMIER.

DES GUÊTRES.

VOILA je crois tout ce dont je puis entretenir mes lectrices dans l'art de faire des corsets. Je vais terminer en leur enseignant la manière de se procurer, à peu de frais, une addition très-utile à la chaussure.

Depuis quelque tems, l'on porte de charmantes petites guêtres, mais qui reviennent extrêmement cher en les achetant toutes faites : celles qui sont en coutil, coûtent 7 francs, et l'on peut, en les faisant soi-même, en avoir trois paires pour ce prix ; car chaque paire n'exige qu'un quart de coutil. (La plus jolie couleur est le gris poussière.)

Les guêtres sont composées de six pièces.

La manière de prendre mesure des

guêtres et de les couper sur cette mesure, est une chose très-difficile à faire. On réussit bien mieux, et avec plus de facilité, en prenant un patron en papier, sur une guêtre qu'on découdra. Il est alors fort aisé de remédier aux défauts.

Toutes ces pièces se coupent à droit fil; les lisières doivent se trouver en long de la jambe.

La plus grande de ces pièces est celle qui entoure la jambe : elle est fendue afin de recevoir un gousset. *c c'*, *c c'*, *fig.* 14, sont les plis rentrés, où sera cousu le gousset à deux pièces; la *fig.* 15 n'en donne que la moitié, *voy.* cette *fig.*; *c* est le sommet du gousset, et *d* en est le bas; *r s* est le bord qui se coudra le long de *c c'*, *fig.* 14. Souvenez-vous que, pour former le gousset, il faut que la partie que représente la *fig.* 15 soit doublée; *e* est la courbe qui doit renfermer le coude-pied; *f* est le bout du gousset qui tombe sur l'empeigne; *v x* est la bande de peau qui sert de sous-pieds : cette peau doit être très-épaisse et très-flexible, c'est ordinairement le buffle qu'on choisit *g h*, *fig.* 16, est la petite bande que l'on adapte le long de *a b*, en les cousant ensemble à points-arrière, faits à l'envers de la guêtre, comme toutes les autres coutures.

Il sera bon de faire attention que le côté plus large de toutes les pièces doit être placé dans le haut de la guêtre.

Il sera attaché le long de *d e* un morceau de même étoffe, seulement une fois plus large que la bande représentée par la *fig.* 16, *voy. fig.* 17. Cette pièce, appelé languette, sert de doublure volante aux deux côtés d'œillets, afin d'empêcher le bas de paraître par les œillets. Toutes les coutures de cette chaussure se font en dedans, et comme elle se double, l'on fait tout autour de la guêtre un petit pli rentré sur lequel on posera la doublure, que l'on fera tenir en dessus par des points de côté qui traverseront à l'endroit de la guêtre.

On peut y faire une piqûre éloignée de deux lignes du point de côté.

Quand les coutures, ainsi que les bords, seront terminés, il faudra percer les œillets de même qu'aux corsets. Les œillets doivent se percer très-près du bord et très-rapprochés les uns des autres : ils ne doivent point être aussi fournis que ceux des corsets.

Il faut prendre très-peu d'étoffe sur

l'aiguille, et le cordonnet dont on se servira sera fin.

Il faut observer que la guêtre doit se lacer en commençant par le bas.

Quand tout ce que j'ai indiqué sera terminé, il faudra placer le sous-pied ; ce sous-pied se bâtira très-solidement, afin d'essayer s'il ne sera pas trop large ou trop étroit ; surtout essayez la guêtre sur les souliers que vous devez porter avec cette chaussure. Cette dernière doit paraître collée sur le pied.

Je terminerai en enseignant à mes lectrices la manière de confectionner leurs gants, chose très-facile à faire, et qui est la source d'une grande économie.

CHAPITRE II.

MANIÈRE DE CONFECTIONNER LES GANTS.

Les gants doivent être d'une couleur très-claire ; selon moi, il ne devrait y en avoir que de blancs ou de noirs, ou si l'on en portait d'autres, ils ne devraient être que de la même couleur que la robe. Rien de plus choquant que de voir des gants verts avec une robe brune, ou des gants bruns avec une robe verte; toutes ces couleurs variées ne sont point de bon goût. Les hommes depuis quelque-tems se mettent beaucoup mieux ; on ne voit plus guère, en fait d'habits, que le noir ou le bleu et ils ont aussi adopté les gants blancs ou soufrés. Ne restons pas en arrière sur ce point, je pense qu'ils n'en seront pas jaloux car nos toilettes exigent cette amélioration. Usons donc de tous nos moyens pour obtenir à peu de frais le complément de notre habillement

Il faut premièrement acheter les gants, non-cousus, chez les gantiers proprement dits; là, vous pouvez les obtenir à moins de moitié prix. Ces gants se vendent sans être arrondis du bout des doigts; pour les arrondir et les couper, ayez un gant de modèle. Laissez ces doigts toujours un peu plus longs que les autres, car en les entrant ils perdront en longueur ce qu'ils gagneront en largeur. On assemble ensuite le pouce. *Voy. fig.* 20.

Il est essentiel de voir les figures et les noms adoptés pour chaque pièce quoiqu'on ait pas à les couper.

Premièrement vient la fourchette; c'est un morceau de peau qui a la figure d'un V, *voy. p, fig.* 21 dont une branche se coud à un doigt et l'autre à son voisin. L'index et l'auriculaire n'ont besoin que d'une seule branche ; le médius ou majeur et l'annulaire en ont deux, une pour chaque côté.

Les losanges, *voy. q, fig.* 22, doivent être cousus au bas des fourchettes et dans l'intérieur de la main. Cette petite pièce facilite les mouvemens des doigts ; le pouce seul a les siens attenant après lui. *Voy. cc, fig.* 20.

Avant de coudre les gants, faites sur la main trois rangées de points-de-chaînette qui partent des angles de l'index, de l'auriculaire et du doigt du milieu. La broderie du milieu veut d'ordinaire, et pour plus de symétrie, un point-de-chaînette double, tandis que les deux autres en auront un seulement.

Quelques personnes remplacent les points-de-chaînette par des petits cordonnets bien serrés, ces broderies doivent se rapprocher vers le bas du gant presque jusqu'à se toucher.

Le gant doit se broder avec de la soie torse ou cordonnet fin.

Je conseille à mes lectrices de faire une observation au gantier, qui serait de laisser leurs gants d'un pouce, au-moins, plus longs ; cela serait très-utile pour deux causes : la première, c'est que l'on porte des manches qui ne dépassent pas le poignet, et l'autre, que les dames ont la manie de vouloir se ganter trop à l'étroit ; ce dernier cas ôte infiniment sur la longueur du gant.

Depuis quelque tems on remplace l'ourlet ordinaire que l'on faisait sur ces derniers, par un ourlet qui est ensuite renversé sur l'endroit du gant et l'on fait un surjet que l'on redresse ensuite, ce qui remplace un passe-poil. Quelquefois, aussi, on les achète découpées à dents au moyen d'un emporte-pièce.

Enfin, on est parvenu à leur perfectionnement en ajoutant deux rangées d'élastique, ce qui empêche les gants de bâiller sur la main. Quelques personnes mettent ces élastiques en dessous de la main, d'autres les mettent en dessus.

Il est bon de dire que les élastiques ne se mettent point sur l'ourlet, mais à deux doigts, environ, de ce dernier.

Je ne dirai rien des boutons que les élastiques remplacent avec avantage.

Ces élastiques se posent sur le gant et sont recouverts par un très-petit ruban de soie blanche. *Voy. à la page* 54, la manière de placer et de fixer les élastiques.

Je vais maintenant parler des gants longs :

Ces gants se coupent et se cousent exactement comme les autres ; seulement faites attention, en les achetant, que la pointe ou gousset qui s'ajoute sur le haut, ne manque point.

Ce gousset est fort long ; il se coud à surjet en dedans, tandis que toutes les autres pièces se cousent à surjet en dessus. Ce surjet se fait à très-petits points. Le point doit se faire très-couché en ne prenant que la superficie de la peau, c'est avec la soie plate que toutes ces coutures doivent se faire. Pour réussir à les bien coudre, munissez-vous d'aiguilles très-courtes et très-fines. Ayez le soin de reprendre solidement les aiguillées qui se succèdent, c'est par ce défaut que manquent tous les gants, et rien n'est aussi détestable à refaire ; malgré toutes les précautions pour les raccommoder, cè racommodage se voit toujours.

Quand ces gants longs doivent être portés dans un bal ou dans une soirée brillante, il faut les garnir, soit avec une ruche de ruban de satin blanc ou même de la couleur que serait votre habillement.

Pour la cour, ces gants exigent une ruche de blonde ou tulle-blonde ; faites attention que ces gants ne soient pas justes au bras vers le haut , bien au contraire, avant d'y poser la ruche, tirez-les; par ce moyen vous leur donnerez beaucoup de grâce.

J'engage mes jeunes lectrices à suivre le plan d'économie que je viens de leur tracer, à faire leurs gants elles-mêmes ; c'est une partie de notre habillement qui revient fort cher, si peu que l'on soit tenue à sortir.

Comme cet ouvrage n'est ni embarrassant ni désagréable à faire, pourquoi ne prendroit-on pas en France la louable habitude des dames allemandes? Elles portent l'économie et l'amour du travail plus loin encore; elles emportent leur tricot au spectacle afin de ne point perdre de tems dans les entre-actes. De telles femmes, je pense, doivent être de bonnes mères de famille et de bonnes ménagères.

FIN.

TABLE DES MATIÈRES.

DEUXIÈME PARTIE.

DES GUÊTRES DE FEMMES ET DES GANTS.

FIN DE LA TABLE.

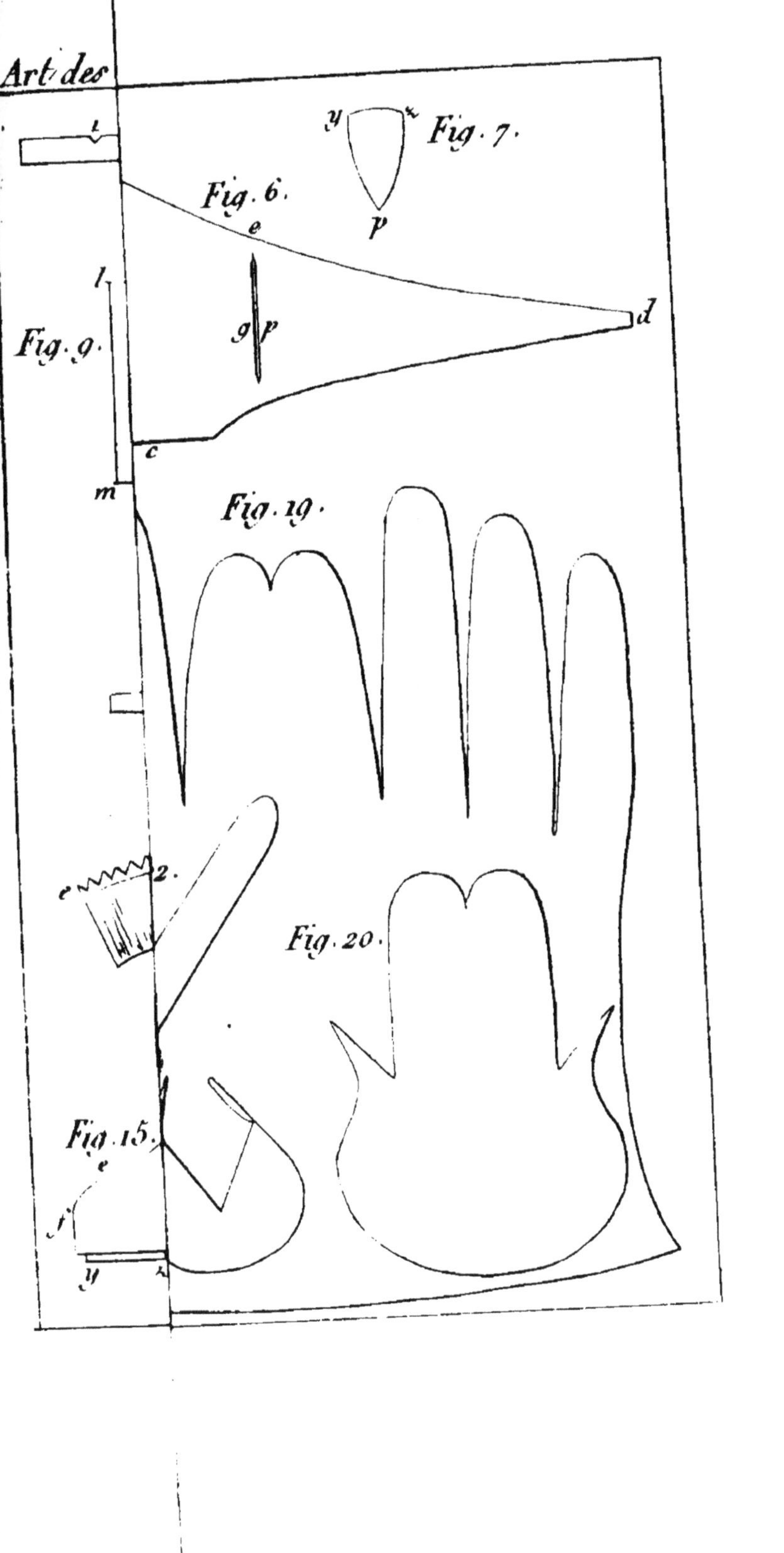
Art des
Fig. 7.
Fig. 6.
Fig. 9.
Fig. 19.
Fig. 20.
Fig. 15.

Art des Corsets, Guêtres, Gants.

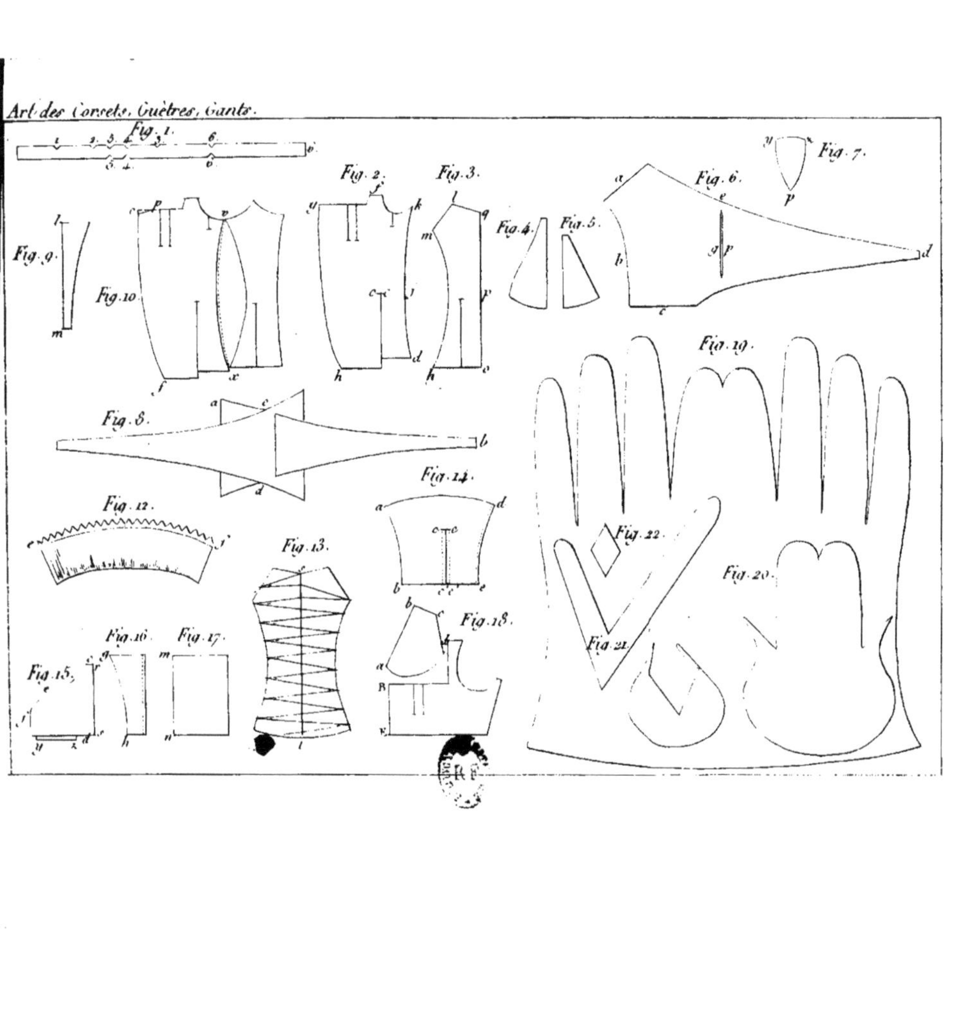

AUDOT, EDITEUR,

RUE DES MAÇONS SORBONNE, N° 11, A PARIS.

Ouvrages nouveaux.

ENCYCLOPÉDIE POPULAIRE,

OU

LES SCIENCES, LES ARTS ET LES MÉTIERS

MIS A LA PORTÉE DE TOUTES LES CLASSES.

UN FRANC LE VOLUME,

vingt centimes de plus, franc de port, par la poste.

Les Traités se vendront séparément.

Une grande partie de ces Traités ne formeront qu'un volume; mais lorsque l'importance de la matière l'exigera, plusieurs livraisons y seront consacrées.

Chaque volume contiendra 2 feuilles et demie environ d'impression, et 2 planches gravées, du format in-18, ou une de grandeur double. Quand un Traité nécessitera un grand nombre de planches, on établira une compensation telle, qu'une planche in-18 remplacera 6 pages de texte.

Les planches coloriées auront un prix relatif à l'importance du travail.

OUVRAGES EN VENTE.

Discours sur le but, les avantages et les plaisirs de la science; par M Brougham, président de la Société pour la propagation des connaissances utiles, traduit de l'anglais par N. Boquillon; 1 vol., 1 fr.

Traité d'Hydrostatique, ou de l'Équilibre des liquides, trad. par le même; 1 vol. avec 2 grandes planches gravées, 1 fr.

Action de l'eau sous le rapport de la pression qu'elle exerce, et ressources qu'offre cette pression dans l'emploi d'agens mécaniques adaptés aux usines; théorie des pesanteurs spécifiques, son application spéciale à la découverte des falsifications des liquides, etc., etc.

Traité d'Hydraulique, ou du Mouvement et de la force des liquides, trad. par le même; 1 vol., 3 grandes planches, 1 fr.

Moyens d'élever et de conduire les eaux; théorie des pompes, des roues hydrauliques, etc.

Traité de Pneumatique, ou des Propriétés de l'air et des gaz, trad. par le même; 2 vol., 4 grandes planches, 2 fr.

Action mécanique de l'air; phénomènes qui accompagnent sa pression ou l'absence de cette pression. Moyens d'utiliser ces propriétés: complément de la théorie des pompes, etc.

Traité du calorique, ou de la nature, des causes et de l'action de la chaleur; traduit de l'anglais, revue par M. Desmarest; 3 vol. in-18, 2 gr. pl. grav., 3 fr.

La théorie de la chaleur est de la plus grande importance, surtout dans les arts où l'on n'emploie pas impunément cet agent puissant quand on ne connaît pas son mode d'action. La connaissance de ses phénomènes est indispensable dans toutes les classes de la société.

La machine à vapeur, leçons familières sur sa construction et la manière de la faire fonctionner, précédées d'un précis historique sur son invention et ses améliorations successives; par Dionysius Lardner, professeur de physique et d'astronomie à l'université de Londres, etc., etc.; traduit par M. E. Pelouze, auteur du *Maître des forges*, 4 vol. in-18 ornés de 12 gr. planch. gravées, 4 fr.

Traité de mécanique pratique, traduit de l'anglais par N. Boquillon.

Cet ouvrage, destiné à rendre les principes de la mécanique tout-à-fait populaires, est indispensable à tous ceux qui veulent construire des machines, comme à tous ceux qui en ont la direction ou la surveillance. Il va être publié en huit livraisons environ du prix d'*un franc chaque*, et qui renfermeront un grand nombre de planches.

Le toisé des bâtimens, ou l'Art de se rendre compte et de mettre à prix toute espèce de travaux. Ouvrage indispensable aux architectes, constructeurs et propriétaires; par L.-T. Pernot, architecte, expert près les tribunaux;
1re partie, *Maçonnerie;* 1 vol., fig., 1 fr.
2e partie, *Charpente,* 1 vol., 1 fr.

Les volumes suivans seront mis en vente successivement: *Couverture et Carrelage*, 1 vol.; *Marbrerie*, 1 vol.; *Serrurerie*, 1 vol.; *Peinture, Dorure, Tenture et Vitrerie*, 1 vol.; *Plomberie et Fontainerie*, 1 vol.; *Terrasse, Pavage, Vidange de fosses*, 1 vol.

Art de fabriquer en pierre factice, très dure, et susceptible de recevoir le poli, des bassins, conduites d'eau, dalles, enduits pour les murs humides, caisses d'orangers, tables à compartimens, mosaïques, etc.; de jeter en moules des vases, colonnes, statues et autres objets d'utilité et d'ornement; par M. E. Pelouze, auteur du *Maître de forges;* 1 vol., grande planche, 1 fr.

Le Fumiste, art de construire les cheminées, de corriger les anciennes, et de se garantir de la fumée; par M. E. Pelouze; 1 vol., 2 grandes planches, 1 fr.

Art du chauffage domestique et de la cuisson économique des alimens; par M. E. Pelouze; 1 vol., 2 gr. planches, 1 fr.

Art de construire les fourneaux d'usines de la manière la plus économique et la plus avantageuse pour l'emploi des combustibles par M. E. Pelouze; 1 vol., planche gravée, 1 fr.

Art de prévenir et d'arrêter les incendies, par M. ***, revu et augmenté par M. Évrat, ex-officier de sapeurs-pompiers; 1 vol., grande planche gravée, 1 fr.

Art du blanchissage domestique d'après les procédés anglais, hollandais et français, comprenant le travail de la blanchisseuse en fin, les savonnages simples, la mise au bleu, l'empesage, le repassage, le pressage et le calandrage, le nettoyage et la remise à neuf des dentelles, blondes, tulles, gazes et bas de soie; par madame Pelouze; 1 vol., 2 gr. planches gravées, 1 fr.

Art du menuisier en bâtimens et en meubles, suivi de l'*Art de l'ébéniste*. Ouvrage contenant des élémens de géométrie descriptive appliquée au trait du menuisier, de nombreux modèles d'escaliers, l'exposé de tout ce qui a été récemment inventé pour rendre l'outillage parfait, des notions fort étendues sur les bois, sur la manière de les colorer, de les polir, de les vernir, et sur leur placage. 3e édition, entièrement refondue et considérablement augmentée, par M. A. Paulin Desormeaux, auteur de l'*Art du tourneur.* 18 livraisons à 1 fr.

Plus de 60 planches, grand format, ornent cet ouvrage.

Art de fabriquer les couleurs et vernis, de préparer les huiles, les colles, etc., pour tous les genres de peinture; 2 vol., 1 gr. planche gravée, 2 fr.

Art de la peinture en bâtimens, et des décors, y compris le badigeon et la tenture des papiers, à l'usage des ouvriers et des propriétaires; par Doublet, peintre-vitrier; 2 vol., une gr. planche gravée, 2 fr.

Art du vitrier, par Doublet, peintre-vitrier; 1 vol., planche gravée, 1 fr.

Art de l'ornemaniste, du stucateur, du fabricant de marbres factices, du doreur sur bois; 1 vol., 2 planch. grav., 1 fr.

Chimie du teinturier; par E. Martin, ancien professeur de sciences physiques, directeur de teintureries à Louviers et à Elbeuf; 1 vol, 1 fr.

Art de la teinture des laines, par le même; 1 vol., 1 fr.

Art de la teinture de la soie, du coton, du lin et des toiles imprimées; par le même, 1 vol., 1 fr.

Manuel du marchand papetier dans la préparation des plumes à écrire, des encres noires, de couleur, de la Chine, de celle propre à marquer le linge, etc.; des cires et pains à cacheter, des colles à bouche et autres; des crayons, de la sandaraque, des sables de couleur, du papier-glace et des différens papiers à calquer; des papiers glacé, huilé, à dérouiller, etc., etc.; suivi d'un tableau de tous les formats de papier avec leurs mesures; 2 vol., 2 fr.

Art de la réglure des registres et papiers de musique. Méthode simple et facile pour apprendre à régler, contenant la fabrication et le montage des outils fixes et mobiles, la préparation des encres et différens modèles de réglures; suivi de l'*Art de relier les registres.* Ouvrage utile aux papetiers, imprimeurs, relieurs, etc.; par Meguin, régleur et typographe; 2 vol., fig., 2 fr.

Art de fabriquer les fleurs artificielles, par une ancienne élève d'une des premières maisons de Paris; 1 vol. in-4°, orné de planches. Cet ouvrage sera publié en 8 livraisons, à 1 fr. 50 c. chaque, de 20 en 20 jours à partir de juin 1828. Rien encore n'avait été écrit sur cette branche d'industrie aimable. L'ouvrage que nous annonçons est le fruit de dix années de recherches et d'expériences. Ce ne sont pas de vagues et capricieuses theories que l'on y donne, mais une serie de procédés expliqués avec methode et clarté. Deux points surtout dont l'auteur a fait l'objet constant de ses soins c'est de rendre, autant que possible, son livre *indispensable* à l'artiste, et cependant à la portée des dames qui pourront *apprendre seules* et en s'amusant cet art séduisant.

Ce qui met notre ouvrage tout-à-fait à part, c'est qu'il contiendra un *Traité des Nuances*, et plusieurs procedés nouveaux pour l'apprêt des étoffes propres à la fabrication des fleurs et feuillages.

Récréations tirées de *l'art de la vitrification*. Moyens curieux, simples et peu coûteux d'exécuter sur verre des peintures, dorures, jaspures, herborisations, gravures, etc.; de composer des colliers, filigranes, plumets, empreintes, pierres gravées, faux camees, perles, verres colores de tous genres, émaux, petites figures, yeux en émail pour les animaux conservés, incrustations, etc., etc., recueillis par M. E. Pelouze, ancien officier de la manufacture des glaces de Saint-Gobin; 2 vol. avec 3 gr. planches, dont une coloriée, 2 fr. 50 cent.

Méthode certaine et simplifiée de soigner les abeilles pour les conserver et en tirer un bénéfice assuré; par M Feburier membre de la Socité d'agriculture de Seine-et Oise, etc.; 1 vol., fig., 1 fr.

Histoire naturelle des abeilles, suivie de l'emploi de la cire et du miel; par le même, 1 vol., 1 fr.

Pharmacie domestique, contenant la préparation des médicamens et l'indication des premiers secours à donner aux malades, à l'usage des personnes bienfaisantes; 2 vol., 2 fr.

Notions élémentaires de perspective linéaire, et Théorie des ombres; par M. Richard, 1 vol., fig. 1 fr.

Manuel de numismatique, ou Connaissance des médailles. Méthode simplifiée pour étudier, reconnaître, classer les médailles et apprécier leur valeur; par M. Dumersan, du cabinet des médailles et antiques de la Bibliotheque du Roi. Cet ouvrage formera plusieurs volumes à 1 fr., qui vont paraître successivement.

NOTA. D'autres ouvrages sont sous presse, et un bien plus grand nombre entre les mains des auteurs.

Les personnes qui auraient des ouvrages à proposer, ou qui pourraient, de quelque manière que ce soit, rendre leurs talens utiles, sont priées d'adresser leurs propositions à l'éditeur.

AUTRES OUVRAGES NOUVEAUX.

Art de construire en cartonnage toutes sortes d'ouvrages d'utilité et d'agrément ; 8 planches gravées, 1 vol. in-18, 2 fr., port 25 cent.

Art de fabriquer toutes sortes d'ouvrages en papier, pour l'instruction et l'amusement des jeunes gens des deux sexes ; 22 planches gravées, 1 vol. in-18, 2 fr. 50 cent., port 50 c.

Gymnastique des jeunes gens, ou Traité des exercices propres à fortifier le corps, entretenir la santé et préparer un bon tempérament ; 1 vol. in-18 orné de 33 planches, 2 fr. 50 c., port 50 cent.

alisthénie, ou *Gymnastique des jeunes filles.* Traité des exercices propres à fortifier le corps, entretenir la santé et préparer un bon tempérament ; 1 vol. in-18 orné de 25 planches gravées, 2 fr. 50 cent., port 50 cent.

Art de peindre à l'aquarelle, enseigné en 28 leçons, trad. de l'anglais de Thomas Smith, et orné de 19 grav. coloriées ; 1 vol. in-4°, format d'album, 15 fr.

Musée de peinture et de sculpture, ou Recueil des principaux tableaux, statues et bas-reliefs des collections publiques et particulières de l'Europe, dessiné et gravé à l'eau-forte par Reveil ; avec des notices descriptives, critiques et historiques, par Duchesne aîné. 1 fr. la livraison de 6 planches et 6 feuillets de texte en français et en anglais, sur format petit in-8°. Une livraison est mise en vente tous les dix jours, depuis le 1er janvier 1828.

Cet ouvrage est gravé avec un soin extrême et d'après des dessins qui rendent le trait et le caractère des originaux avec la plus grande fidélité. Plus de mille souscripteurs se sont fait inscrire dans le premier mois de sa publication.

LE GUIDE DE LA MENAGERE.

Sous ce titre sera publiée une collection d'ouvrages utiles qui accompagneront l'*Encyclopédie populaire.*

En vente.

La Cuisinière des petits ménages; 1 vol., 1 franc.

LE GUIDE DES DAMES ET DES DEMOISELLES.

Autre collection.

En vente.

Art de la couturière en robes, par madame Burtel, 1 vol. in-18, fig., 1 fr.

PETITE BIBLIOTHEQUE UTILE ET AMUSANTE.

Sous ce titre sera publiée une série d'ouvrages.

En vente.

Bréviaire du gastronome, ou l'Art d'ordonner le dîner de chaque jour, suivant les différentes saisons de l'année, avec figures coloriées dessinées par M. Henri Monnier; 2e édit. augmentée de plusieurs manuscrits, 1 vol. in-18, 2 fr., port 25 cent.

Manuel de l'amateur d'Huîtres, contenant l'histoire naturelle de l'huître, une notice sur la pêche, le parcage et le commerce de ce mollusque en France, et des dissertations hygiéniques et gourmandes sur l'huître considérée comme aliment, avec figures coloriées dessinées par M. Henri Monnier; 1 vol. in-18, 2 fr., port 25 cent.

Manuel de l'amateur de Café, ou l'Art de prendre toujours de bon café, dédié aux gourmets et aux bonnes ménagères, avec fig. par le même artiste; 1 vol., 2 fr.

Manuel du marié, ou Guide à la mairie, à l'église, au festin, au bal, etc., etc., précédé d'un Histoire du mariage chez les peuples anciens et modernes; publié par Alexandre Martin, avec 4 figures par le même; 1 vol. in-18, 2 fr. 25 cent.

Sous presse. *Manuel du parrain et de la marraine*, ou l'Art de faire bien les choses et à peu de frais, avec figures par le même; 1 vol. in-18.

Traité medico-gastronomique *sur les indigestions*, suivi d'un essai sur les remèdes... à administrer en pareil cas. Dédié aux gourmands de tous les pays. Ouvrage posthume de feu Dardanus, ancien apothicaire; 1 vol. in-18, avec figures par le même.

AUTRES OUVRAGES RÉCEMMENT PUBLIÉS.

Le Vignole de poche, ou Mémorial des artistes, des propriétaires et des ouvriers; édition augmentée de plusieurs figures, et d'un *Dictionnaire portatif d'Architecture*, par Urbain Vitry, architecte; 1 vol. in-16, orné de 55 planches: avec le Dictionnaire 5 fr., sans le Dictionnaire 4 fr. : port 50 c.

On vend séparément, *le Dictionnaire portatif d'Architecture* et des mots qui en dépendent, tels que ceux de la maçonnerie, de la charpenterie, de la menuiserie, de la serrurerie, etc. ; 1 vol. in-16, 2 fr., port 25 c.

Le Propriétaire architecte, contenant des modèles de maisons de ville et de campagne, de remises, écuries, etc., ainsi qu'un *Traité d'Architecture et de Construction* : ouvrage utile aux entrepreneurs de bâtimens, aux architectes et ingénieurs, et principalement *aux personnes qui veulent diriger elles-mêmes leurs ouvriers;* par M. Urbain Vitry, architecte. Cent gravures exécutées par M. Hibon, architecte-graveur, ajoutent encore à l'utilité de cet excellent Traité.

L'ouvrage a été publié en 4 livraisons de format in-4°. Le prix des 3 premières est de 8 fr. chacune. La 4e. contenant le *Traité d'Architecture et de Construction*, avec 18 planches, 16 fr.

Traité sur le chauffage des serres et habitations au moyen d'appareils à la vapeur, traduit de l'anglais de Bayley ; 1 vol. in-8°, avec 4 gr. planches, dont une coloriée, 5 fr., port 1 fr.

L'art du Tourneur, par M. Paulin Desormeaux ; 2 vol. in-12, avec un volume grand in-4° contenant 36 planches, dont quatre doubles et deux coloriées, 24 fr., port 5 fr.

Principes de l'art du Tour, extraits de l'ouvrage de M. Paulin Desormeaux ; 1 vol., 6 planch. grav., 3 fr. 50 c., port 1 fr.

Tableau de multiplication et de division, ou comptes faits, depuis 2 jusqu'à 100, avec une instruction présentant le moyen de trouver tels nombres dont on peut avoir besoin, même au-delà du tableau, offrant aussi la conversion des centimes et des sous en francs : à l'usage des vérificateurs, toiseurs, des maisons de banque et de commerce, etc. ; *in plano*, 5 fr.

Petite Encyclopédie des habitans de la campagne, 2e édition, contenant des instructions élémentaires sur l'univers, le mouvement des astres, les saisons, la physique, la mécanique et la chimie; l'histoire naturelle de la terre, de l'air, des animaux, des plantes; l'histoire de l'agriculture; tous les travaux agricoles et domestiques divisés mois par mois; par M. Deslandes; 1 gros vol., 5 fr., port 1 fr. 50 c.

La Maison de Campagne, par madame Aglaé Adanson; 2 vol in-12, fig., 6 fr., port 2 fr.

Cet ouvrage enseigne tout ce qui doit se pratiquer dans une maison de campagne.

Manuel de la Maîtresse de Maison, par madame Pariset. 3e édition; 1 vol. in-18, fig., 3 fr., port 50 c.

L'art du Taupier, ou Methode amusante et infaillible pour prendre les Taupes, par M. Dralet; ouvrage publié par ordre du gouvernement. 14e édition; 1 volume, fig., 1 fr., port 25 c.

Traité de l'éducation des animaux domestiques, moyens les plus simples et les plus sûrs de les multiplier, de les entretenir en santé et d'en tirer le plus d'avantages possibles; par M. Thiébaut de Berneaud; 2 vol. in-12, 10 planches, 7 fr., port 2 fr.

Traité des oiseaux de basse-cour et du lapin domestique; 1 vol., fig., 2 fr. 50 c., port 50 c.

La Laiterie. Art de traiter le laitage, le beurre, les fromages; 1 vol., 1 fr. 50 c., port 50 c.

La Cuisinière de la Campagne et de la ville, ou *la Nouvelle Cuisine économique*, précédée d'instructions sur la dissection des viandes à table, et suivie de recettes précieuses pour l'économie domestique, et d'un Traité sur les soins à donner aux caves et aux vins; 9 planches gravées, dont une coloriée. 6e édition; 1 vol., 3 fr., port 1 fr.

La Charcuterie. Art de saler, fumer, apprêter et cuire le cochon et le sanglier. 2e édition; 1 vol., 1 fr., port 25 c.

La Patissière de la campagne et de la ville, suivie de l'Art de faire le pain-d'épice, les gaufres, oublies, etc.; 1 vol., 1 fr., port 50 c.

Art de conserver et d'employer les fruits, de les dessécher et confire, de composer les liqueurs, vins liquoreux artificiels, sirops, glaces, boissons de ménage, etc. 2e édit.; 1 vol., 1 fr. 50 c., port 50 c.

Les Amusemens de la campagne, contenant : 1° La description de tous les jeux qui peuvent ajouter à l'agrément des jardins, servir dans les fêtes de famille et de village, et répandre la joie dans les fêtes publiques; 2° L'histoire naturelle, les soins qu'exige la volière, l'art d'empailler les animaux ; le Jardinage, la Pêche, les diverses Chasses, la Navigation d'agrément ; des récréations de Physique ; des notions de Géométrie pratique, d'Astronomie, de Gnomonique ; des principes de Gymnastique amusante, d'Équitation, de Natation, de Patinage ; des leçons sur les arts de la Menuiserie, du Tour, du Dessin, de la Perspective, etc., et généralement tout ce qui peut contribuer à charmer les loisirs de ceux qui habitent la campagne. Recueilli par plusieurs amateurs. 4 vol. in-12, ornés d'un grand nombre de fig., 15 fr., port 5 fr.

Les pigeons de volière et de colombier, manière d'établir des colombiers et volières ; d'élever, soigner les pigeons, etc., 1 vol. in-8°, 25 pigeons en couleur, 12 fr.; fig. noires, 6 fr. ; port. 1 fr. 50 c.

Traité des oiseaux de chant, des pigeons de volière, du perroquet, du faisan, du cygne et du paon ; 1 vol. in-12, 38 fig. d'oiseaux, 3 fr., port 75 c.

Traité des chasses aux piéges, contenant la description de tous les piéges, et la manière de prendre les lièvres et les lapins, et les diverses espèces d'oiseaux qui se trouvent en France ; par les auteurs du *Pêcheur français*, orné d'un grand nombre de planches ; 2 vol. in-8, 10 fr., port 2 fr.

Traité complet de la chasse au fusil, manière d'élever et d'instruire les chiens de chasse, et de soigner leurs maladies ; principes pour bien tirer; par une société de chasseurs. 1 gros vol. in-12, 8 planches gravées, 5 fr., port 1 fr. 50 c.

Art de faire à peu de frais les feux d'artifice pour les fêtes de famille. 3e édition ; 1 vol., 10 planches, 1 fr. 80 c., port 50 cent.

Cet ouvrage contient aussi la description de l'art de fabriquer le salpêtre et la poudre.

Le Pêcheur français. Traité de la Pêche à la ligne et aux filets ; histoire naturelle des Poissons ; manière de pêcher ; art de fabriquer les filets ; par M. Kresz aîné. Orné de beaucoup de figures ; 1 vol. in-12, 5 fr., port. 1 fr.

La Pêche à la ligne, par M. P. Desormeaux, extraite des *Amusemens de la campagne* ; 1 vol., fig., 3 fr., port 75 c.

Le Cabinet d'Histoire Naturelle, formé des productions du pays que l'on habite, avec la méthode de classement, l'art d'empailler les animaux et de conserver les plantes et les insectes. Dédié à M. le baron Cuvier. 2 vol. in-18, fig., 6 fr., port 1 fr.

Traité sur la composition et l'ornement des Jardins, avec 97 planches représentant des plans de jardins, des fabriques propres à leur décoration, et des machines pour élever les eaux. 3e édition, entièrement refaite, et augmentée de beaucoup de figures d'après les dessins de M. Auguste Garnerey et autres artistes distingués ; 1 vol. in-4°, 20 fr., port 5 fr.

Le bon Jardinier, 1828, contenant des principes généraux de culture ; l'indication, mois par mois, des travaux à faire dans les Jardins ; la Description, l'Histoire et la Culture particulière de toutes les Plantes potagères, économiques ou employées dans les arts ; de celles propres aux Fourrages ; des Arbres fruitiers ; des Ognons et Plantes à fleurs ; des Arbres, Arbrisseaux et Arbustes utiles ou d'agrément ; suivi d'un Vocabulaire des termes de Jardinage et de Botanique, d'un Jardin des Plantes médicinales, et précédé d'une Revue de tout ce qui a paru de nouveau en jardinage pendant le cours de l'année : par A. Poiteau et Vilmorin. 1 très gros vol. in-12 de plus de mille pages, avec 4 jolies figures, 7 fr., port 2 fr. 25 c.

Figures pour le bon Jardinier, représentant, en 51 planches contenant plus de 400 objets, les ustensiles de tous genres employés dans la culture des jardins ; manières de marcotter, greffer, former les arbres fruitiers ; modèles de châssis, baches, serres, orangeries, etc. Ouvrage utile à tous ceux qui veulent cultiver ou gouverner leur jardin, et se familiariser, sans application, avec la Science de la botanique. 7e édition, revue, corrigée et augmentée ; 1 vol. in-12, 4 fr., port 50 c.

Le Jardinier des fenêtres, des appartemens et des petits jardins ; 1 vol., 2 planches, 2 fr., port 50 c.

La Botanique des Dames ; 3 vol. in-18, 9 fr., port 1 fr.

Flore de la Botanique des Dames ; 1 vol. in-18, cartonné. Fig. noires, 9 fr. ; fig. coloriées, 20 fr. ; port 3 fr.

La Flore et *la Botanique* se vendent séparément : cette dernière peut être utile et agréable à tous les amateur de fleurs.

Le langage des fleurs, par madame Charlotte de Latour. 3e édition; 1 vol. in-18, orné de 15 gravures charmantes. Figures noires, 6 fr.; figures coloriées, 12 fr.; port 75 cent.

Manuel des plantes médicinales. Descriptions, Usages et Culture des végétaux employés en médecine; manière de les recueillir, conserver, préparations qu'on leur fait subir, doses auxquelles on les administre; leurs propriétés, temps de leur floraison, récolte; lieux où ils croissent naturellement, etc. Par A. Gautier, docteur en médecine. 1 vol. in-12 de 1140 pag., figure, 10 fr., port 2 fr. 50 c.

Herbier médical. Collection de figures représentant les plantes médicinales indigènes. *Supplément au Manuel des Plantes médicinales* et à tous les Traités et Dictionnaires d'histoire naturelle ou des plantes: 214 figures. in-12, figures noires, 15 fr.; in 12, figures coloriées, 40 fr.; in 8o, figures coloriées, 50 fr.; port 1 fr. 25 cent.

La toilette des Dames, par madame Élise Voïart; 1 vol. in-18, avec une jolie gravure, 3 fr., port 50 c.

Recueil des plus jolis jeux de société; 1 vol. in-12, fig., 2 fr., port 50 c.

Principes de logique, ou Art de penser, de Rhétorique, de Versification, de Lecture à haute voix, et de Déclamation; par M. Cœuret de St.-Georges, avocat; 1 vol. in-18, 3 fr., port 50 cent.

Histoire de la Musique, par madame de Bawr; 1 vol. in-12, fig., 4 fr., port 1 fr.

Essai sur la danse antique et moderne, par madame Élise Voïart; 1 vol. in-12, fig, 4 fr., port 1 fr.

Atlas universel de Géographie ancienne et moderne, dressé par M. Perrot; 1 vol. cartonné, 9 fr.

Aperçu historique sur les mœurs et coutumes des nations, par Depping; 1 vol. in-18, 3 fr. 50 c.

ésumé complet d'archéologie, monumens d'architecture, de sculpture et de peinture, pierres gravées, médailles, ustensiles, etc.; par M. Champollion-Figeac; 2 vol. in-18, figures, 7 fr.

DE L'IMPRIMERIE DE LACHEVARDIERE,
RUE DU COLOMBIER, N°. 30, A PARIS.

ON TROUVE

CHEZ LE MÊME LIBRAIRE :

GUIDE DE LA MÉNAGÈRE.

Sous ce titre sera publiée une Collection d'ouvrages utiles.

EN VENTE :

Art du Blanchissage domestique. 1 vol. 1 fr.

La Laiterie, Art de traiter le Laitage, de faire le Beurre et de fabriquer les Fromages. 1 v. 1 fr.

Choix des Alimens, Traité des Substances alimentaires. 1 vol. 2 fr.

La Cuisinière des Petits Ménages. 1 vol. 1 fr.

GUIDE DES DAMES ET DES DEMOISELLES ;

Autre Collection.

EN VENTE :

Art de la Couturière en Robes, par Mme *Burtel*. 1 vol. in-18, fig. 1 fr.

IMPRIMERIE DE A. HENRY,
Rue Gît-le-Cœur, n. 8.

www.ingramcontent.com/pod-product-compliance
Ingram Content Group UK Ltd.
Pitfield, Milton Keynes, MK11 3LW, UK
UKHW021114260726
13994UKWH00002B/882

9 782329 402697